Sebastian Knobbe

Abriss einer kurzen Geschichte des Gesundheitsspo

Sebastian Knobbe

Abriss einer kurzen Geschichte des Gesundheitssports

GRIN Verlag

Bibliografische Information der Deutschen Nationalbibliothek: Die Deutsche Bibliothek
verzeichnet diese Publikation in der Deutschen Nationalbibliografie; detaillierte bibliografische Daten sind im Internet über http://dnb.d-nb.de/ abrufbar.

1. Auflage 2004
Copyright © 2004 GRIN Verlag
http://www.grin.com/
Druck und Bindung: Books on Demand GmbH, Norderstedt Germany
ISBN 978-3-638-65471-5

OTTO-VON-GUERICKE-UNIVERSITÄT MAGDEBURG

FAKULTÄT FÜR GEISTES-, SOZIAL- UND
ERZIEHUNGSWISSENSCHAFTEN

INSTITUT FÜR SPORTWISSENSCHAFT

Lehrbereich: Sportgeschichte

Hauptseminar: Körper, Sport und Gesundheit in Vergangenheit und Gegenwart

Semester: Sommersemester 2004

Hausarbeit zum Thema:
Abriss einer kurzen Geschichte des Gesundheitssports

eingereicht von:

Sebastian Knobbe

9.Semester Lehramt an Gymnasien Sport/Geschichte

Magdeburg, 28.Oktober 2004

INHALTSVERZEICHNIS

Problemstellung

In den vergangenen Jahren ist angesichts steigender Lebenserwartung und damit verbundener Kostensteigerungen im Gesundheitssystem das Problem der Gesundheit vermehrt in das Zentrum der sozialpolitischen Diskussion gerückt. Gesundheitserhaltung und Krankheitsvorbeugung werden nicht nur zu einer individuellen, sondern immer mehr auch zu einer gesellschaftspolitischen Aufgabe, die aus der sozialen Verpflichtung resultiert, eine für alle Menschen optimale Gesundheitsversorgung zu gewährleisten. In diesem Kontext kommt dem Begriff „Gesundheitssport" in den letzten Jahren eine immer größere Bedeutung zu. Obwohl eine eindeutige Definition schwierig erscheint, mitunter sogar abgelehnt wird[1], so hat sich der Terminus dennoch im allgemeinen Sprachgebrauch etabliert. Diese Entwicklung zeigt, so der Deutsche Sportbund, dass es im öffentlichen Bewusstsein zu einer weitgehenden Identifizierung der Begriffe „Gesundheit" und „Sport" gekommen ist (vgl. DSB, 1993, S. 197). Laut DSB wird der Begriff *Gesundheitssport* dabei wie folgt definiert:

> Gesundheitssport ist eine aktive, regelmäßige und systematische körperliche Belastung mit der Absicht, Gesundheit in all ihren Aspekten, d.h. somatisch wie psychosozial, zu fördern, zu erhalten oder wiederherzustellen. Gesundheitssport umfaßt den Präventivsport, die Bewegungs- und Sporttherapie sowie den Rehabilitationssport. Da Sport auch mit gesundheitsbezogenen Risiken verbunden sein kann, müssen die Inhalte dosiert und in Anlehnung an die individuellen Voraussetzungen ausgewählt werden (DSB, 1993, S.198).

Ausgehend von dieser Definition stellt sich dem Verfasser jedoch eine scheinbar berechtigte Frage: Trat der Sport unter dem Aspekt der Gesundheit tatsächlich erst in den letzten 20-30 Jahren in das Bewusstsein der Menschheit oder ist es nicht vielmehr so, dass Gesundheitsförderung schon seit jeher zu den wichtigsten Zielsetzungen des „Sports"[2] zählte? Genau diese Fragen nach dem Zusammenhang von Sport und Gesundheit sollen im Verlauf dieser Arbeit beantwortet werden. Wesentliches Ziel des Verfassers ist es folglich, eine *„Kurze Geschichte des Gesundheitssports"* zu verfassen. Allerdings erweist es sich im Rahmen einer Hauptseminararbeit als unmöglich, einen adäquaten, allumfassenden Überblick über die Geschichte des Gesundheitssports zu liefern. Vielmehr muss sich sowohl in zeitlicher als auch in räumlicher Hinsicht auf wenige, ausgewählte Schwerpunkt konzentriert werden. Neben den klassischen Epochen der Geschichtswissenschaft stehen ferner kulturhistorische

---

[1] Auf die Unzulänglichkeit einer etwaigen Definition dieses Begriffes verweisen insbesondere: Beckers & Brux, 1993, S. 312-314.
[2] Der Terminus Sport ist hier in Anführungszeichen gesetzt, da es sich hierbei um einen Begriff der Neuzeit handelt, der unmöglich auf frühere Zeiten und Regionen übertragen werden kann. Trotz dieser terminologischen Schwierigkeiten wird der Begriff Sport in dieser Arbeit sowohl aus Verständnis- als auch aus Gründen der besseren Lesbarkeit wegen für all jene körperlichen Übungen und Bewegungsformen der Vergangenheit und Gegenwart verwendet, die im heutigen Verständnis als Sport bezeichnet werden.

Perioden der Geschichte im Focus der Untersuchung: Zu Beginn der Arbeit wird die Beziehung zwischen Körperübungen und Gesundheit im antiken Griechenland aufgezeigt. Anschließend wird sukzessive der Einfluss von Leibesübungen auf die Gesundheit im antiken Rom, im europäischen Mittelalter, im Zeitalter der Renaissance und der Aufklärung verfolgt. Abschließend wird das Verhältnis von Sport und Gesundheit im Deutschland des 19.Jahrhunderts betrachtet.

Methodisch wird in der Arbeit wie folgt verfahren: Jeweils einführend werden für die verschiedenen Zeitabschnitte die herrschenden Vorstellungen von Gesundheit und Krankheit vorgestellt. In diesem Kontext wird die jeweilige dem Sport zugewiesene Bedeutung besprochen werden. In einem zweiten, umfangreicheren Teil wird sich dann – sofern es sich anbietet – den Gesundheitsvorstellungen und -konzepten bestimmter historischer Personen zugewendet werden. Dabei wird hinterfragt, welche Rolle die Leibesübungen in diesen Konzepten einnahmen. Hierbei gilt es gleichwohl zu beachten, dass es sich bei vielen dieser Gesundheitskonzepte zumeist um überwiegend theoretische Skizzen handelte, die in der Praxis nur bedingt Verwendung fanden. Außerdem soll daran erinnert sein, dass die vorgestellten Gesundheitskonzepte nicht für die gesamte Bevölkerung realistisch waren. Zumeist waren sie nur für die oberen Schichten gedacht und auch nur für diese umsetzbar.

1. Gesundheit und Gymnastik im antiken Griechenland

1.1. Körperübungen und deren gesundheitlicher Wert in der griechischen Frühzeit

Grundsätzlich waren die Vorstellungen von dem was Gesundheit und was Krankheit ist in der vorklassischen Epoche eng mit religiösen Überlieferungen verbunden. Der Zustand des Menschen war in erster Linie vom Willen der Götter und Dämonen abhängig. Demnach wurde Krankheit als Strafe und Gesundheit als Geschenk der Götter interpretiert. Neben der Gesundheit als solche, zählte aber auch die körperliche Fitness zu den göttlichen Geschenken. Dies war insbesondere bei den panhellischen Spielen der Fall. Für die Genesung bevorzugte man – in Analogie zu den Krankheitsursachen – in erster Linie magische Praktiken oder Gebete. Formen der Gymnastik bzw. andere körperliche Übungen wurden für den Heilungsprozess noch nicht thematisiert (vgl. Bergdolt, 1999, S. 24-25).

Durch das für die griechische Geistesgeschichte folgenreiche philosophisch-pädagogische Prinzip der *kalokagathia,* erlangte die Gymnastik dennoch eine besondere Bedeutung. Dieses Prinzip beinhaltete, dass Gesundheit nach Schönheit verlangt und seelisch-moralische

2

Überlegenheit sich ebenso in körperlicher Vollkommenheit offenbart. Das Ziel der aristokratischen Erziehung bestand aufgrund dessen in einer optimalen seelischen und körperlichen Reifung. Körperübungen und geistige Betätigung wurden daher von den griechischen Intellektuellen insofern als ebenbürtig angesehen, als dass sie gleichermaßen zur Persönlichkeitsbildung beitrugen. Problematisch hingegen war, dass die Gleichsetzung körperlicher Vollkommenheit mit moralischer Rechtschaffenheit zur Ächtung hässlicher oder kranker Menschen führen konnte. Das aristokratische Gesundheitsideal beinhaltete aus diesen Gründen sogar Formen der Euthanasie[3]. Um dem herrschenden Gesundheitsideal zu entsprechen, wurden körperliche Tätigkeiten, zu den auch die Formen der Gymnastik zählten, explizit von Rednern und Erziehern propagiert. Körperliche Übungen zählten aber auch zu den üblichen Ritualen, welche die für die Gesunderhaltung unabdingbare Harmonie im Menschen (z.B. nach einer Schlacht) wiederherstellen konnte. Bei der Ausführung solcher Übungen spielte der Gedanke an das rechte Maß eine wesentliche Rolle. Nur dessen Einhaltung in allen Lebenssituationen ermöglichte den goldenen Weg zu seelischer und körperlicher Gesundheit (vgl. Bergdolt, 1999, S.26-29).

1.2. Sport und Gesundheit bei Hippokrates

Der entscheidende Unterschied zur griechischen Vorzeit lag beim hippokratischen Gesundheitsverständnis darin, dass die Gesundheit jetzt nach der Natur erklärt wurde (vgl. Labisch, 1992, S.26). Von großem Gewicht war im zwischen 430 und 322 v.Chr. verfassten hippokratischen Schrifttum die *Diätetik*, die sich mit der gesunden Lebensführung beschäftigte. Eine entscheidende Grundlage der Diätetik bildete das Mischungsverhältnis der menschlichen Körpersäfte. Dem Mischungsoptimum der Körpersäfte, der *Eukrasie*, standen bestimmte *Dyskrasien* gegenüber, welche zu Krankheiten führten. Um diese Krankheiten zu überwinden, wurde dem sogenannten *kairós*, d.h. dem richtigen Zeitpunkt für Aktion und Therapie, besondere Aufmerksamkeit geschenkt. Der kairos besagte, dass der Zustand der Gesundheit nicht zu jedem Zeitpunkt wiederhergestellt werden kann, sondern ausschließlich im individuell geeigneten Moment (vgl. Bergdolt, 1999, S.35).

Befanden sich die vier Kardinalflüssigkeiten (Blut, Schleim, gelbe und schwarze Galle) in einem optimalen Verhältnis, garantierte dies ein Höchstmaß an Gesundheit[4]. Das jeweilige Mischungsverhältnis konnte durch die verschiedensten Faktoren beeinflusst werden. Dazu

---

[3] Als Verfechter dieses Gesundheitsideals muss insbesondere Platon angesehen werden (vgl. Abschnitt 2.3.).
[4] Ausführliche Informationen zu den vier Kardinalflüssigkeiten sowie den ihnen zugesprochenen Qualitäten finden sich u.a. bei Westendorf, 1992, S.21-31.

zählten u.a. Lebensalter, Geschlecht, Klima, Bäder, Einreibungen, Schlaf und Wachen, die Wahl der Speisen und Getränke aber auch körperliche Übungen. Was die Letztgenannten anging, so wurden hier bereits die Wirkungen verschiedener Gymnastiktechniken unterschieden. Unter Berücksichtigung der genannten Abhängigkeitsfaktoren, entwarf der hippokratische Arzt eine auf das jeweilige Individuum abgestimmte Diätetik, in der auch die Körperübungen einen breiten Rahmen einnahmen. Diese wurden gerade deshalb thematisiert, weil man davon ausging, dass der Mensch nicht allein durch die Regelung seiner Ernährungsgewohnheiten gesund bleiben könne. Gymnastik und Ernährung standen dabei in konträrer Wirkung zueinander. Während Erstere das Vorhandene aufzehrt, gleicht Letztere den Verlust wieder aus. Im Übrigen galt es bei der Ausführung gymnastischer Übungen wiederum das rechte Maß einzuhalten. Ein Zuviel oder Zuwenig konnten Geist und Körper, dessen war man sich sicher, ruinieren. Diesbezüglich wurde z.b. die Überanstrengung, wie sie u.a. im Agon auftrat, als Gesundheitsgefährdung angesehen (vgl. Bergdolt, 1999, S. 36-39).

Trotz dieser schon beachtlichen Bedeutung der Gymnastik für die Gesunderhaltung muss an dieser Stelle darauf hingewiesen werden, dass die praktische Umsetzung der individuellen Diätetik wie sie Hippokrates (ca.460 – ca.370) und dessen Anhänger nahe legten, in der Regel einem privilegierten Personenkreis vorbehalten blieb. Nur diejenigen, die über ein entsprechendes Maß an Freizeit verfügten, konnten dem postulierten Wechselspiel von körperlicher Anstrengung, Ernährung und Ruhe auch nachkommen.

1.3. Gesundheit und Gymnastik bei Platon und Aristoteles

Mit der Heilkunde bzw. der Gesundheitslehre beschäftigte sich Platon (428/7 – 348/7) hauptsächlich im *Timaios*. Anhand seiner theoretischen Abhandlungen wird dabei ersichtlich, dass auch er eine enge Beziehung zwischen der Gesundheit und der Gymnastik sah. Gymnastik galt vorzugsweise für den geistig arbeitenden Menschen als unverzichtbar, da sie ihm den notwendigen Ausgleich zur geistigen Arbeit brachte. In seinen Gesundheitsvorstellungen übernahm Platon die schon in der griechischen Frühzeit propagierte Vorstellung vom gesunden Geist im gesunden Körper und verknüpfte diese mit der Warnung, dass geistige oder körperliche Untätigkeit zum Tode führe. Als effektivste Formen der Gymnastik galten die im Menschen durch ihn selbst erzeugten Bewegungen. Förderlich waren laut Platon aber auch die von außen induzierten Bewegungen[5] (vgl. Bergdolt, 1999, S.50). In Anlehnung an Hippokrates, spielten auch die humoralpathologischen Lehren eine nicht

---

[5] Platon dachte diesbezüglich z.b. an Passagiere, die an Bord von Schiffen durch die vom Meer induzierten Bewegungen hin- und hergeschaukelt werden (vgl. Bergdolt, 1999, S.49).

4

unwesentliche Rolle in Platons Gesundheitsvorstellungen. Hinzu kam eine bei ihm existente Sorge um die Volksgesundheit, die er als Voraussetzung der funktionierenden Polis begriff. Da Plato dem Gemeinwesen einen gesunden und kräftigen Nachwuchs sichern wollte, standen individuelle Ziele hinter gesellschaftlichen zurück. Die Sorge um das Gemeinwesen mündete letztlich darin, dass Platon gewisse Formen der Euthanasie befürwortete (vgl. Labisch, 1992, S.26).

Obgleich seine medizinischen Schriften kaum tradiert sind, so beeinflusste Aristoteles (384-322) die abendländische Gesundheitslehre noch nachhaltiger als Platon. Auch bei ihm spielen sowohl die gesunde Lebensführung als auch die vier Körperflüssigkeiten eine maßgebende Rolle. Darüber hinaus gilt er als der Begründer der Temperamentenlehre. Eine Reihe von Charaktereigenschaften, aber auch Gesundheitsrisiken erklärt sich demnach durch Fehlmischungen bzw. Fehltemperaturen von Körpersäften. Seiner Vorstellung zufolge besitzt jeder Mensch eine natürliche, angeborene und individuell verschiedene Gesundheit bzw. Schönheit des Körpers. Aufgabe der Gymnastik ist es diese Gesundheit bzw. diese Schönheit zu erhalten. Demzufolge besitzen Körperübungen primär eine präventive Funktion. Dieser präventive Aspekt von Gymnastik ergibt sich für Aristoteles aus den spezifischen Krankheitsursachen. Diese sind in der Anhäufung von Ausscheidungsstoff im Körper zu suchen. Die Anreicherung der Ausscheidungsstoffe ist wiederum Folge eines Nahrungsüberflusses bzw. eines akuten Bewegungsmangels. Daher ist es gesund, die Nahrung zu vermindern und sich körperlichen Anstrengungen auszusetzen, weil hierdurch schädliche Stoffe aus dem Körper beseitigt werden können (vgl. Bergdolt, 1999, S.53-54).

Leibesübungen, Spiel und Erholung sind bei Aristoteles niemals Selbstzweck, sondern stets Wege zur Gesundheit bzw. Gesunderhaltung. Darüber hinaus verschaffen Körperübungen auch zahlreiche Vorteile für das Alltagsleben. Körperliche Übungen – worunter er neben gymnastischen Übungen auch bäuerliche Tätigkeiten fasste – erleichtern z.B. den Frauen die Geburtswehen, da hierdurch die Atmung verbessert wird. Explizit mit der Gymnastik setzt sich Aristoteles in den *Problemata* auseinander. Hier werden sogar erste „trainingswissenschaftliche" Erkenntnisse vorgestellt[6]. In diesem Zusammenhang kam er u.a. zu dem Schluss, dass es nutzlos sei, Körper und Geist gleichzeitig zu trainieren. Da beide Formen des Trainings eine entgegengesetzte Wirkung haben, behindern sie sich eher gegenseitig (vgl. Bergdolt, 1999, S.55).

---

[6] So stellt er u.a. fest, dass lange Spaziergänge auf ebenem Grund mehr ermüden als auf unebenem Gelände, während bei kurzen das Gegenteil der Fall ist etc. (vgl. Bergdolt, 1999, S.55).

2. Gesundheitsfördernde Übungen im antiken Rom

2.1. Die Inanspruchnahme von Körperübungen zum Wohle der Gesundheit

Wie im antiken Griechenland, so mangelte es auch im alten Rom lange Zeit an einem ausgewiesenen Ärztestand. Auch hier lag die Heilkraft zunächst in den Händen der Götter. In der Folgezeit waren es dann überwiegend Philosophen und keine Ärzte, die sich mit der medizinischen Theoriebildung auseinander setzten. Hierzu zählte u.a. Cato (234 – 149), der sich in seinem Werk *de agricultura* für eine auf einer natürlichen Lebensweise aufbauenden Diätetik aussprach. Den überlieferten griechischen Gesundheitstheorien stand er, aufgrund einer für die damalige Zeit typischen Ablehnung der griechischen Kultur, eher skeptisch gegenüber. Dabei richtete sich die Kritik weniger gegen die traditionelle Diätetik, die ja auch in der römischen Kultur eine Rolle spielte, als vielmehr gegen die professionellen, gegen Bezahlung arbeitenden Ärzte (vgl. Bergdolt, 1999, S.76-78). Neben Cato bemühten sich in den kommenden zweihundert Jahren eine Vielzahl weiterer römischer Intellektueller um die Gesundheit bzw. den Erhalt der Gesundheit. Zu nennen wären hier u.a. Cicero (106 – 43), Lukrez (97 – 55), Seneca (55 v. – 40 n.Chr.) oder Plutarch (45-125) (vgl. Bergdolt, 1999, S. 80-86). Sie gaben dem interessierten Leser wertvolle Hinweise und Ratschläge für die Gestaltung eines gesunden, ausgeglichenen Lebens. Die Rolle und Funktion der Leibesübungen aus medizinischer Sicht wurde bei ihnen jedoch meist nur am Rande behandelt. So empfahl z.B. Cicero leichte sportliche Betätigungen für ältere Menschen. Seneca blieb in seiner Würdigung der Leibesübungen ganz seiner stoischen Anschauung verhaftet und tadelte übertriebenen, über das richtige Maß hinausreichenden Sport. Lukrez wies wiederum darauf hin, dass jede Form der Diätetik, folglich auch die sportlichen Betätigungen, auf das Individuum angepasst sein müssen. Was für den Einen optimal ist, kann für den Anderen schädlich sein (vgl. Bergdolt, 1999, S. 82-86).

Großen Einfluss auf die römische Gesundheitslehre übten auch die als *Methodiker*[7] und *Pneumatiker*[8] bezeichneten Ärzte aus. Die Methodiker, allen voran der 90 v.Chr. nach Rom gekommene Arzt Asklepiades, waren entgegen der Auffassung Catos der Ansicht, dass die Natur nichts nützt, sondern eher schadet. Eigentliche Aufgabe des Arztes sei es daher die Methode zu bestimmen, die den Menschen zurück zur Gesundheit führt. Um dieses Ziel zu

---

[7] Ärzteschule im 1.Jh. n.Chr. anknüpfend an Asklepiades (vgl. Kiechle, 2001, Sp. 1949-1950)
[8] Hierbei handelte es sich um die Anhänger einer im 1.Jh.v.Chr. gegründeten Ärzteschule. Verbunden wurden hier insbesondere Pneuma- und Säftelehre mit stoischer Philosophie und Hippokratismus (vgl. Kiechle, 2001, Sp. 2384).

erreichen, bedienten sie sich auch verschiedener Bewegungsübungen sowie der Gymnastik. Letztere wurde bei ihnen folglich unter der Prämisse der Therapie von Krankheiten eingesetzt (vgl. Bergdolt, 1999, S.88).

Auch für die Pneumatiker waren aktive und passive Bewegungen wie das Gehen und Laufen, das Fahren im Wagen, oder auch Sport und Ruhe kennzeichnende Bestandteile einer diätetischen Lebensweise sowohl Kranker als auch Gesunder. Hier wurden Leibesübungen folglich sowohl unter präventiven, als auch unter therapeutischen Aspekten eingesetzt (vgl. Bergdolt, 1999, S.88-89).

2.2. Gesundheitssport bei Galen

Weitaus ausführlicher als die bisher genannten römischen Philosophen und Ärzte, befasste sich der aus Pergamon stammende, aber in Rom wirkende Arzt Galen (129-199) mit der Gesundheitslehre. Er setzte das hippokratische System der Viersäftelehre in Bezug zu den Jahres- und Tageszeiten, den Elementarqualitäten, dem Lebensalter u.a.. Er korrelierte in klassischer Tradition Makrokosmos und Mikrokosmos und definierte die Gesundheit als dessen zerbrechliche Harmonie (vgl. Schöner, 1964, S.86-95). Seine sechsbändige Gesundheitslehre (*Hygieiná*) beginnt mit der Feststellung, dass die Medizin aus zwei Hauptgebieten bestehe: der Erhaltung der Gesundheit und der Therapie der Krankheit. Gegenstand der Medizin sind dabei die drei Hauptbefindlichkeiten des Menschen: Gesundheit, Krankheit und das neutrale Befinden zwischen diesen Zuständen, das sogenannte *ne-utrum*. Dieser mittlere Zustand zeichnet vorrangig Kinder, Greise und Rekonvaleszenten aus. Entsprechend dem stets veränderlichen Mischungsgrad der Körpersäfte, gehen die drei Befindlichkeiten kontinuierlich ineinander über. Eine bemerkenswerte Stellung nehmen in Galens Gesundheitslehre auch die *sex res non naturales* ein[9]. Diese Garanten der Gesundheit gilt es sorgfältig zu pflegen, da sie in komplizierter Weise für die Funktionsfähigkeit des Körpers verantwortlich sind. Ohne ihren Einfluss ist es dem menschlichen Organismus unmöglich, zu genesen. Anhand dieser Grundsätze wird auch die Galens Orientierung an Hippokrates erkennbar. Auch er vertritt die These, dass Gesundheit und Heilung weniger Gaben des Schicksals, als vielmehr Folgen des eigenen Verhaltens sind. Demzufolge ist auch bei ihm die individuelle Lebensführung eine wesentliche Voraussetzung der Gesundheit. In diesem Kontext kommt auch den Leibesübungen eine wichtige Funktion für die Gesunderhaltung und Genesung zu (vgl. Bergdolt, 1999, S. 103-107).

---

[9] Darunter verstanden werden: Luft, Bewegung und Ruhe, Schlafen und Wachen, Essen und Trinken, Füllung und Entleerung sowie Gemütsbewegungen.

Galen ist der Auffassung, dass manche Leiden nur durch ärztliche Eingriffe oder starke Medikamente beseitigt werden können. Andere, zumeist chronische Krankheiten können demgegenüber gewöhnlich durch eine Änderung der Lebensweise geheilt werden. Zu den „Änderungen der Lebensweise" zählt er dabei auch die Anwendung von unterschiedlichen Leibesübungen. Prinzipiell betont er die gesundheitsfördernde Wirkung der Gymnastik. Er erachtete vorwiegend jene Leibesübungen als geeignet, die nicht nur den Körper abhärten, sondern auch dem Geiste Erholung bringen. Dabei unterschied er zwischen in der Freizeit durchzuführenden sportlichen Übungen (Ringen, Laufen, Faustkampf, Wandern, Schattenboxen et al.) und solchen Aktivitäten, die zur Routineausbildung bestimmter Berufe zählen (Rudern, Graben, Pflügen, Jagen, Kämpfen mit schweren Waffen, Reiten et al.) (vgl. Bergdolt, 1999, S.104-108). Der Bezug zur Säftelehre ließ darüber hinaus auch die Bäderbehandlung, die im Römischen Reich bekanntermaßen weite Verbreitung fand, als geeignet erscheinen. Man erhoffte sich durch die besonderen Eigenschaften des Wassers u.a. eine Erweichung harter, gespannter Körperteile und eine Verteilung der überschüssigen Säfte (vgl. Dieckhöfer, 1990, S.53).

Aufgrund der Erkenntnis, dass die Gesundheit schon aus zeitlicher Perspektive vor der Krankheit liegt (zumindest was den Normalfall anbetrifft), befürwortete Galen neben dem therapeutischen auch den prophylaktischen Einsatz von Körperübungen. Sein System der Diätetik setzte dabei schon in der frühesten Kindheit an und begleitete den Menschen bis ins hohe Alter. Den solidesten Gesundheitszustand des Menschen sah er dann gegeben, wenn die körperliche Höchstform eines Menschen gerade noch nicht erreicht und deshalb eine weitere Steigerung noch möglich war. Aufgrund dessen schätzte er auch die Gesundheit der Athleten, die ja im Idealfall ihren Leistungshöhepunkt bei wichtigen Wettkämpfen erreicht hatten, als besonders gefährdet an. Schon Galen machte also auf gesundheitsgefährdende Wirkungen des antiken „Leitungssports" aufmerksam (vgl. Bergdolt, 1999, S. 104-109).

3. Gesunde Lebensführung und Sport im Mittelalter

3.1. Vorbemerkungen

Im Hinblick auf die sowohl in zeitlicher als auch in räumlicher Hinsicht enormen Ausmaße des europäischen Mittelalters, erscheint es dem Verfasser bezüglich dieser Epoche überaus schwierig, ein entsprechendes bzw. – um mit den Worten Max Webers zu sprechen – ein idealtypisches Bild von der Bedeutung der Leibesübungen für die mittelalterliche Gesundheitslehre aufzuzeigen. Dennoch soll im Folgenden ein solches Wagnis unternommen

werden. Voraussetzung dafür ist jedoch, dass die alles andere als homogene Epoche des Mittelalters hierfür zeitlich unterteilt wird. Dabei wird sich im Wesentlichen an der bekannten Dreigliederung in Früh-, Hoch- und Spätmittelalter orientiert werden. Vorab gilt es zudem darauf hinzuweisen, dass sich die folgenden Äußerungen nicht auf das gesamte Gebiet, sondern auf ausgewählte Regionen des europäischen Mittelalters beziehen. Hierbei tritt neben dem Gebiet des heutigen Deutschlands v.a. das Territorium des heutigen Italiens in den Focus der Betrachtungen.

3.2. Leibesübungen im Früh- und Hochmittelalter

In der Zeit vom 6. bis zum 12. Jahrhundert wurden Leibesübungen oder Formen der antiken Gymnastik kaum in den Dienst einer gesunden Lebensweise gestellt oder für die Therapie von Krankheiten in Anspruch genommen. Dies hatte neben gesellschaftlichen primär religiöse Ursachen. Zunächst einmal zeigte man schon aufgrund historischer Gegebenheiten wenig Verständnis für die antike Gymnastik und ihren Nutzen für die menschliche Gesundheit. Das lag maßgeblich daran, dass das erstarkende Christentum sich unter dem Eindruck der zerfallenden antiken Kultur herausbildete. Die Christen pflegten die Gymnastik und eigens das Verhalten der antiken Athleten aufgrund dieser Erfahrung gemeinhin als hohl und eitel darzustellen (Vgl. Ridder, 1996, S.60). Es war daher eine fast logische Konsequenz, dass die Leibesübungen unter dem Primat des Christentums im Früh- und Hochmittelalter (zumindest was ihre Funktion in der Prävention und Therapie von Krankheiten anbelangte) kaum Beachtung fanden. Gesundheit wurde im Mittelalter aus religiöser Perspektive interpretiert. Krankheiten galten entweder als Strafe Gottes für individuelle Sünden oder aber als Prüfungen, die es zu bestehen galt. Da der Einzelne demzufolge nicht für seine Gesundheit verantwortlich war, spielte das Gesundheitsargument auch bei den Bewegungskulturen keine Rolle (vgl. Pfister, 1996, S. 204). Auch im monastischen Leben blieben Leibesübungen die Ausnahme. Zwar bedienten sich Mönchsorden, so z.B. die Benediktiner, verschiedener Elemente der antiken Diätetik, die Gymnastik wurde dabei aber kaum berücksichtigt.

Es kann also für das Früh- und auch für weite Teile des Hochmittelalters festgestellt werden, dass Leibesübungen – in welcher Form auch immer – kaum oder gar nicht unter dem Aspekt der Gesundheit Verwendung fanden. Dies soll jedoch nicht bedeuten, dass die Menschen damals über keinerlei Bewegungs- oder „Sportkultur" im heutigen Sinne verfügten. Sogar an den Klosterschulen wurde gewissen Leibesübungen nachgegangen. So führten die Klosterinsassen zur Erholung vom Gottesdienst u.a. unterschiedliche Ball- und Kugelspiele aus (vgl. Ader, 2003, S.72-73). Aber auch außerhalb kirchlicher Einrichtungen spielten körperliche Übungen und Spiele eine wichtige Rolle. Exemplarisch sei hier auf die

zahlreichen Ritterturniere des Adels verwiesen, die seit dem 12.Jahrhundert das Bild der adeligen Bewegungskultur prägten.

3.3. Der Einfluss der Regimenliteratur auf die Leibesübungen im ausgehenden Hochmittelalter sowie im Spätmittelalter

Nachdem die Körperübungen im Früh- und Teilen des Hochmittelalters bezüglich ihrer gesundheitsfördernden und therapeutischen Funktion kaum Beachtung fanden, sollte sich dies gegen Ende des 11.Jahrhunderts allmählich ändern. An den Schnittpunkten zwischen europäisch-christlicher und arabisch-islamischer Kultur in Toledo und Salerno, entstanden jetzt wieder wissenschaftlich-medizinische Abhandlungen. Ausgehend von Übersetzungen aus dem Arabischen, gelangte ein großer Teil der hippokratisch-galenischen Diätetik bis ins 13.Jahrhundert zurück in das lateinische Mittelalter (vgl. Bergdolt, 1999, S.142). Die Gründe für diesen Wissenstransfer sind u.a. im Aufschwung von Handel und Handwerk (speziell im Italien des 12. & 13.Jahrhunderts) zu suchen. Dieser ließ das Bürgertum zunehmend erstarken und brachte somit eine Ausweitung der ärztlichen Kundschaft mit sich. Diese Entwicklung hatte wiederum, allen voran an den italienischen Universitäten, einen Aufschwung der Medizin zur Folge. Zahlreiche Ärzte und Philosophen verfassten in dieser Zeit die sogenannten *Regimina*. Dabei handelte es sich um Traktate, die Gesunderhaltung, Prophylaxe und Therapie in erster Linie für medizinische Laien vermittelten. Verwurzelt in der hippokratisch-galenischen Medizin, hatten sie ihre Blütezeit vom 13. bis zum 15.Jahrhundert. Die eigentliche Zielsetzung der Regimen, deren struktureller Kern die Lehre von den *sex res non naturales* darstellte, lag in der Regulierung der körperlichen und seelischen Lebensweise unter der Leididee der Gesunderhaltung und Krankheitsvorbeugung (vgl. Schmitt, 2000, Sp. 575-77). Gelesen wurden die Regimina zumeist von Fürsten oder hohen Geistlichen (vgl. Bergdolt, 1999, S.146). Dies entsprach jener Bevölkerungsgruppe, die einerseits über die notwendige Freizeit verfügte und andererseits des Lesens überhaupt mächtig war. Für die vorliegende Arbeit sind die Regimina deshalb so interessant, weil sie den gesundheitlichen Wert der Leibesübungen anerkannten und dem Leser auf dieser Grundlage ein maßvolle Gymnastik zur Prävention und Therapie von Krankheiten empfahlen. Grundsätzlich ging man davon aus, dass die Leibesübungen die natürliche Körperwärme des Menschen steigerten und die Poren der Haut erweiterten, so dass die innere Reinigung erleichtert wurde[10]. Zudem war man der Ansicht, dass Bewegung für die Erhaltung der

---

[10] Deutlich ist hier der Bezug zur Säftelehre zu erkennen.

Gesundheit unbedingt erforderlich sei (vgl. Ridder, 1996, S.63). Die verwendeten Übungen unterteilte man dabei in Übungen für den ganzen Körper (*exercitium universale*) und Übungen für einzelne Glieder (*exercitium particulare*). Sie sollten in einem mittleren Grade nach Stärke, Dauer und Geschwindigkeit ausgewogen gestaltet sein (vgl. Ridder, 1996, S.62). Überhaupt spielte die Einhaltung des rechten Maßes eine entscheidende Rolle bei der Anwendung der Körperübungen im Sinne einer diätetischen Lebensweise. Das rechte Maß wurde dabei durch das Handeln nach der vierten Kardinaltugend (*temperamentia*) festgelegt. Kennzeichen dieser Tugend waren das Maßhalten (*moderatio*), die Scheu (*verecundia*) und ein ehrbarer Lebenswandel (*honestas*)(vgl. Bergdolt, 1999, S. 143).

Für die Praxis bedeutete die Einhaltung des rechten Maßes, dass bei der Übungsausführung die individuelle Körperkonstitution, die Lebensgewohnheiten, das Lebensalter etc. beachtet werden mussten. Mit der Übungsausführung begann man wenn möglich nach der Harnschau[11]. Demgegenüber galten Schwitzen, Rötung der Haut, ein Erschlaffen oder ein starkes Anschwellen der Glieder sowie tiefes und häufiges Atmen als Signale zum Aufhören (vgl. Ridder, 1996, S.62). In Anbetracht dieser und ähnlicher Empfehlungen durch die Regimen kann festgestellt werden, dass dem Übenden nicht allzu viel abverlangt wurde. Noch vor dem dauerhaften Einsetzten der Anstrengung konnte er die Übungen bereits wieder beenden.

4. Die neue Bedeutung der Leibesübungen im Zeitalter der Renaissance

4.1. Neues Denken in praktischen Bahnen

Was die Bedeutung der Leibesübungen für die Gesundheit in der Renaissance anbetrifft, so kam es hier zu keinem grundsätzlichen Bruch mit den mittelalterlichen Gesundheitsvorstellungen. In der praktischen Medizin hielt man sich vielmehr weiter an die aus dem Mittelalter überlieferten Lehren. So blieb auch für das Gebiet der Leibesübungen eine vornehmlich theoretische Betrachtungsweise maßgeblich. Diese theoretische Behandlung der Leibesübungen gipfelte in einer übermäßig großen Freude am Zitieren antiker Autoren. Diese wurden dabei überwiegend für die Beantwortung scheinbar banaler

---

[11] Analog zu Galen blieb auch die hoch- bzw. spätmittelalterliche Medizin den Humorallehren verpflichtet. Aufgrund dessen konzentrierte sich auch die Therapie darauf, die üblen Säfte aus dem Körper abfließen zu lassen. Der Aderlass und eben die Harnschau bildeten daher weit verbreitete Methoden (vgl. Pfister, 1996, S.204).

Selbstverständlichkeiten herangezogen, so z.B. für die hippokratische Forderung, Sport nur nach dem Essen zu betreiben (vgl. Körbs, 1938, S. 37-38).

Es gab jedoch bereits im 14.Jahrhundert erste Gegner dieser primär theoretisch-philosophischen Betrachtungsweise der Leibesübungen. Die antiken Lehrmeinungen wurden von ihnen verstärkt zur Grundlage praktischer und für die Gegenwart tauglicher Ratschläge herangezogen. Darüber hinaus wurden die tradierten Lehrsätze teilweise abgeändert und zunehmend auf ihre Praxisrelevanz hin überprüft. Der Nutzen der Leibesübungen für die Gesundheit wurde von den Verfechtern dieser Linie immer häufiger betont.

Es lässt sich demnach festhalten, dass zu Beginn der Renaissance die antiken Lehrmeinungen noch großen Einfluss auf die Theorie der Leibesübungen ausübten. Demgegenüber zeigten sich hier und da aber schon Ansätze zu einer freieren Betrachtungsweise und zu einem bewussten Verzicht auf die tradierten Dogmen. Immer öfter wurde der Wille erkennbar, die Leibesübungen allein nach Maßgabe praktischer Erfordernisse im Sinne der Gesundheit einzusetzen. Die Ärzteschaft hatte sich dadurch mehr oder weniger bewusst in zwei Lager gespalten: Während das Eine in strenger Abhängigkeit von den antiken Autoren verblieb, wollte das Andere von diesen Bindungen nicht mehr außerordentlich viel wissen (vgl. Körbs, 1938, S. 39-40).

4.2. Nutzen und Funktion der Leibesübungen

In Anlehnung an die antiken Humorallehren, wurden auch in der Renaissance noch bestimmte Körperübungen für die Wiederherstellung bzw. die Beibehaltung des Säftegleichgewichts empfohlen[12]. Insgesamt stand man einem zu hohem Maß an körperlicher Ruhe skeptisch gegenüber, da man dadurch gefährliche Stockungen der Körpersäfte befürchtete. Wie unlängst im Mittelalter, so zählte auch der Erhalt der nötigen Körperwärme neben dem Erhalt bzw. der Widerherstellung des Säftegleichgewichts zu den Hauptzielen der medizinischen Gymnastik. Darüber hinaus wurde jetzt zusätzlich die Auffassung vertreten, dass Leibesübungen nicht nur der Kräftigung des körperlichen Apparates dienlich seien, sondern auch die geistige Tätigkeit beeinflussen können. In diesem Zusammenhang wurde z.B. dem Ballspiel eine den Geist reinigende Wirkung bescheinigt (vgl. Körbs, 1938, S. 41-43).

Neben den angesprochen, z.T. schon in der Antike bzw. im Mittelalter betonten Kompetenzen der Leibesübungen, gesellten sich in der Renaissance noch weitere, ganz neue Motive hinzu. Endlich wurde auch die durch die Leibesübungen hervorgerufene Frische und Freude offen thematisiert. Nicht allein die gesundheitsfördernde Wirkung der Leibesübungen, sondern

---

[12] So empfahl man bspw. Springen, Laufen, Fechten, Ballspiel und Jagen gegen die schlechten Körpersäfte (vgl. Körbs, 1938, S.41).

immer mehr auch die engen Beziehungen zwischen gymnastischer Betätigung und frohem Lebensgefühl wurden herausgestellt (vgl. Körbs, 1938, S. 46-47). Die Inanspruchnahme der Leibesübungen unter dieser Zielsetzung kann derweil nur in einem anderen Zusammenhang erklärt werden: Dem Wunsch nach einem langen Leben.

Dieser Wunsch war keineswegs ein Novum der Renaissance. Schon im Mittelalter wurde ein langes Leben als durchaus schätzenswert empfunden. Allerdings wurden Gesundheit und ein langes Leben nicht als Werte an sich, sondern als von Gott gewollte und vermittelte Güter geschätzt. Die Art, wie sich die Menschen zu Leben und Tod verhielten, wurde nun einem Wandel unterworfen. Die Stunde des Todes wurde in der Renaissance nicht mehr als vorherbestimmt hingenommen. Die Menschen schätzen sich in gewissem Maße fähig, ihr Leben zu verlängern, es also selbst zu bestimmen (vgl. Labisch, 1992, S.44). Der stärkste Antrieb für den Wunsch nach Gesundheit und Lebensverlängerung ging dabei vom wissenschaftlichen und literarischen Ideal der Zeit aus[13]. Man wollte – um es auf den Punkt zu bringen – noch relativ lange an den zahlreichen Erfindungen und Entdeckungen der Zeit teilhaben. Lebensfreude, Gesundheit und ein langes Leben wurden immer mehr als unschätzbare Werte betrachtet. Unabdingbar hierfür war zunächst eine maßvolle Diätetik. Darunter wurde in der Renaissance jedoch immer weniger die Kunst der gesamten Lebensführung verstanden. Vielmehr wurde der Begriff zunehmend auf den Bereich einer auf gesundes Essen und Trinken beschränkten *Diät* verengt (vgl. Labisch, 1992, S.46).

Für das Ziel eines langen Lebens blieben die Leibesübungen aber alles andere als unberücksichtigt. Es setzte sich der Gedanke durch, dass durch verschiedene Formen der Leibesübungen die Gesundheit nicht allein zu erhalten ist, sondern das Leben sogar zu verlängern sei. Um dies zu erreichen, musste auch jetzt noch das richtige Maß beachtet werden. Nur eine mäßige gymnastische Betätigung wurde als Mittel der Lebensverlängerung akzeptiert, allzu heftige Übungen hingegen negiert. Neben einer Gymnastik für den reifen Menschen, wurde Gymnastik zudem für die früheste Jugend als auch für das Greisenalter empfohlen[14]. Im Übrigen blieb der Bezug zu den Humorallehren stets gewahrt. Während nämlich Körperübungen bei Säuglingen den Zweck hatten, überflüssige Körperflüssigkeit zu

---

[13] Der Wunsch nach einem langen Leben entäußerte sich selbstverständlich auch innerhalb der gesundheitserzieherischen Literatur der Zeit. Anstelle der Regimina veröffentliche z.B. Theophrastus Bombastus von Hohenheim, genannt Paracelus, ein Werk mit dem Titel „*liber de vita longa*" (Buch über das lange Leben) (vgl. Labisch, 1992, S.44).
[14] Wie sehr man dem Wunsch nach einem langen Leben verhaftet war, beweist allein die Tatsache, dass Gesundheitsübungen schon für die Kinder empfohlen wurden, die den Mutterleibe noch nicht verlassen hatten (vgl. Körbs, 1938, S.51).

entziehen, so sollten sie bei Greisen das genaue Gegenteil bewirken (vgl. Körbs, 1938, S. 48-52).

Zusammenfassend lässt bezüglich der Bedeutung der Leibesübungen folgendes herausstellen: Gymnastische Übungen hatten innerhalb der Renaissance einen gesicherten und immer wieder betonten Platz innerhalb der Gesundheitslehren. Eine gute Allgemeinverfassung durch den Einfluss auf die Körpersäfte, damit einhergehend die Steigerung auch der geistigen Leistung sowie die Hebung des allgemeinen Lebensgefühls und schließlich die Stärkung der Gesundheit überhaupt bis hin zur Lebensverlängerung, waren die von ihr erhofftem Wirkungen. Was die Stärkung der Gesundheit im Allgemeinen anbetrifft, so soll im Folgenden nochmals explizit auf die prophylaktische und therapeutische Funktion der Körperübungen verwiesen werden.

4.3. Die Stellung der Leibesübungen unter den Aspekten von Prophylaxe und Therapie

Die antiken Theorien über die Gymnastik als ein Mittel sowohl zur Verhütung, als auch zur Heilung von Krankheiten behielten gerade in der Renaissance ihre Gültigkeit. Der praktische Einsatz der Gymnastik erfolgte speziell bei den Krankheiten, deren Entstehungsursachen den Hauptwirkungen der Gymnastik entgegengesetzt waren. Dies waren vorwiegend solche Leiden, die auf eine allzu große Vermehrung der Feuchtigkeit oder auf einen mangelhaften Zustand der Säfte zurückzuführen waren. Eine bemerkenswerte Rolle übernahmen die Leibesübungen insbesondere bei zwei sehr ernsten und häufigen Krankheiten der damaligen Zeit: der Pest und der Syphilis (vgl. Körbs, 1938, S.52-53).

Hinsichtlich der *Pest* wurden der Gymnastik wohl ausschließlich prophylaktische Aufgaben zugewiesen. Ihre austrocknende Wirkung war gerade bei dieser Krankheit von herausragender Bedeutung, weil dadurch die fäulnisfördernde, hitzige Feuchtigkeit im Körper reduziert werden konnte. Zur Verhinderung der Einatmung schädlicher Miasmen hatte unlängst der umbrische Arzt Gentile da Foligno im 14.Jahrhundert Sport in geschlossenen Räumen angeraten. Dass man nach Ausbruch der Seuche keine Übungen im Freien ausführen sollte, wurde auch in vielen anderen Pestschriften der Renaissance betont (vgl. Bergdolt, 1999, S.187-188). Damit sich die vermutete positive Wirkung der Gymnastik indes nicht negativ auf die Bekämpfung der Pest auswirkte, wurden ganz bestimmte Handlungsanweisungen

14

aufgestellt. So wurde eine mäßige Bewegung nahegelegt. War man indes selbst an der Pest erkrankt, so wurden Leibesübungen strikt abgelehnt (vgl. Körbs, 138, S. 53-56).

Im Gegensatz zu diesen, stark von antiken Lehren bestimmten und daher wohl oft rein theoretischen Wertschätzungen der Gymnastik, findet sich schon in der frühen Renaissance ein anderes Motiv für die Verordnung von Leibesübungen. So wurden die schon oben angesprochenen Auswirkungen der Leibesübungen auf das Gemüt, die daraus resultierende Ablenkung von den Gedanken an die Krankheit sowie die hiermit einhergehende Hebung des Lebensgefühls, auch in den Dienst der Krankheitsvorsorge gestellt. Durch das Vermeiden trüber Stimmungen – so die damalige Auffassung – konnte einer etwaigen Ansteckung direkt entgegengewirkt werden (vgl. Körbs, 1938, S. 55-56).

Konnten die Leibesübungen bei der Pest aufgrund der möglichen Ansteckung durch die Luft lediglich unter präventivem Aspekt eingesetzt werden, so hatten sie bei der *Syphilis* in erster Linie therapeutische Funktionen. Die schätzenswerten Wirkungen möglichst harter und ausdauernder Leibesübungen (*maxima corporis exercitatio*) sowohl auf die Menge als auch auf den Gehalt der Säfte, konnten eine mögliche Heilung wesentlich beeinflussen (vgl. Körbs, 1938, S.57-58). Der Paduaner Arzt Gabrielo Falloppio (gest. 1561) postulierte ausdrücklich für Jünglinge eine ausgiebige und harte Gymnastik. Um die Körpertemperatur zu steigern und die schädlichen Körperschlacke aufzulösen empfahl er u.a. den Ringkampf, den Speerwurf, den Sprung oder verschiedene Ballspiele. Auch Kollegen Falloppios äußerten sich so oder so ähnlich. Darüber hinaus galt für sie eine ausgeglichene, sportliche Lebensweise als die beste Prophylaxe (Bergdolt, 1999, S.188-189).

5. Gesundheit und Leibesübungen im Zeitalter der Aufklärung

5.1. Vorbemerkungen

Die schwerwiegenden gesellschaftspolitischen Veränderungen, die sich im Europa des 18. und zu Beginn des 19.Jahrhunderts einstellten, blieben auch für die herrschenden Vorstellungen von Gesundheit und Krankheit nicht ohne Folgen. Im Zuge der Verweltlichung des Denkens und vor dem Hintergrund der gewonnenen naturwissenschaftlichen Erkenntnisse, löste man sich jetzt von der Vorstellung vom Körper als Mikrokosmos. Mehr und mehr wurde der Körper jetzt nach rein physikalischen Gesetzmäßigkeiten als funktionierende Maschine betrachtet. Diese Sichtweise implizierte eine strikte Trennung zwischen Körper und Geist, wie sie erstmals von Descartes (1596-1650) postuliert wurde.

15

Dies bedeutete, dass für das Funktionieren des Körpers keine besonderen Seelenkräfte mehr verantwortlich waren, was gleichzeitig einer negativen Bewertung alles Körperlichen gleichkam. Eine Aufwertung erfuhr der Körper dann erst durch zahlreiche Ärzte und Anthropologen des späten 18. Jahrhunderts. Diese sahen wiederum einen „... engen Zusammenhang zwischen dem anatomischen Bau, der Funktion und den ‚Wesensmerkmalen', d.h. zwischen Körper und Seele..." (Pfister, 1996, S.205).

Im Zusammenhang mit dieser „Wiederentdeckung des Körpers" entstanden zahlreiche neue Gesundheitskonzepte, welche die Leibesübungen mal mehr und mal weniger in den Dienst der Gesundheit stellten. An dieser Stelle erweist es sich jedoch als unmöglich, näher auf diese Gesundheitslehren einzugehen[15]. Daher wird sich im Folgenden auf zwei Gesundheitskonzepte der Aufklärung bezogen, die sich zwar in ihren theoretischen Ausgangsüberlegungen und ihren Zielstellungen ähneln, in ihrer praktischen Umsetzung jedoch stark voneinander abheben. Hierbei handelt es sich einerseits um das pädagogisch-philosophische Gesundheitsverständnis bei Rousseau, zum Anderen um das System einer staatlichen Gesundheitsfürsorge bei Johann Peter Frank.

5.2. Die Bedeutung der Leibesübungen für die Gesundheit im Erziehungskonzept Rousseaus

Rousseaus Erziehungslehre handelt wesentlich von der Frage, wie der einzelne Mensch, angesichts der gesellschaftlichen Verhältnisse und Abhängigkeiten in die er hineingeboren wird, zu einer glücklichen Existenz finden kann. Gesundheit, Gesundheits- und Bewegungserziehung sind in diesem Konzept nur schwer herauszulösende, terminologisch keinesfalls immer eindeutig bezeichnete, aber dennoch integrale Bestandteile. Rousseau möchte wenn möglich schon ein körperlich kräftiges und gesundes Kind in den Erziehungsprozess einbringen. Den Vorteil eines gesunden Körpers sieht er zunächst in dessen Alltagstauglichkeit, da ein kräftiger, von Krankheiten unversehrter Mensch den täglichen Anforderungen des Lebens besser gewachsen ist. Eine gesunde körperliche Konstitution reduziert darüber hinaus die negativen Einflussmöglichkeiten der Gesellschaft. Aufgrund dieser Erwägungen, spricht sich Rousseau auch gegen eine verweichlichte Lebensweise und übertriebenen Müßiggang aus (vgl. Schulz, 1991, S.11-13). Gegenüber Arzneien und ärztlicher Hilfe nimmt Rousseau eine distanziert-kritische Haltung ein. Diesbezüglich lehnt er u.a. das Eingreifen in das Naturgeschehen – in Folge seiner Gesellschaftsauffassung – durch Impfung oder Behandlungsversuchen von Kindern ab, da die

---

[15] Hierzu umfassender: Bergdolt, 1999, S. 251- 258.

individuelle Natur nicht überlistet werden könne. Vielmehr erscheinen ihm Mäßigkeit und körperliche Arbeit als die wirklichen Ärzte (vgl. Bergdolt, 1999, S.261-263).

In seinem *Emile* fordert er, dass bereits Kinder an die Gesundheitspflege zu gewöhnen seien. In diesem Zusammenhang betont er auch die Bedeutung der Leibesübungen für die Gesundheit. Ein langes Leben, so Rousseau, genießen nur die Menschen, die neben viel Mühe und Arbeit, auch viel Bewegung gehabt haben. Gemäß der Annahme, dass Leibeserziehung und geistige Arbeit zur *gegenseitigen* Entspannung dienen, geht er von der Prämisse aus, dass der Mensch wie ein Bauer arbeiten und wie ein Philosoph denken soll. Körperliche Arbeit als auch Leibesübungen gewöhnen den Körper an den ständigen Wechsel von Bewegung und Ruhe, Hitze und Kälte. Abhärtung, Schlaf, Aufenthalt in der Natur und eben Sport im heutigen Sinne, sind der Gesundheit zuträglich (vgl. Bergdolt, 1999, S.262).

Resümierend lässt sich für Rousseau feststellen, dass Leibesübungen für ihn erster Linie als Mittel gegen die zunehmende Verweichlichung der Gesellschaft eingesetzt wurden. Hinsichtlich seiner Auffassungen von Gesundheit sprach er ihnen zugleich eine nicht unerhebliche Funktion im Sinne der Krankheitsprävention zu.

5.3. Die Bedeutung der Leibesübungen in Johann Peter Franks „System einer vollständigen medicinischen Polizey" (1779-1817)

Während der Aufklärung hatte sich der Glaube an die Bedeutung der Erfahrungswissenschaft immer mehr durchgesetzt. Dieser Glaube brachte einerseits tradierte kirchliche Dogmen ins Wanken und forderte andererseits eine Befreiung von staatlicher Willkür und Bevormundung. Gleichzeitig wurde die Rückkehr zur Natur als Allheilmittel postuliert. Die unmittelbare Folge dieser Reformbestrebungen war eine Fülle von Gesetzten und Verordnungen. Zu diesen Verfügungen gehörten auch Gesundheitsvorschriften für die Obrigkeit und das gemeine Volk, die man allgemeinverständlich und in deutscher Sprache in epischer Breite darlegte und begründete. Eines der bekanntesten und umfangreichsten dieser Konzepte stammte dabei von Johann Peter Frank (1745-1821). Bei dem Konzept seiner „medicinischen Polizey"[16] handelte es sich um eine systematische Zusammenstellung aller Krankheitsursachen und deren Bekämpfung durch staatliche Vorsorge (vgl. Rühl, 1999, S.455).

Neben dem Merkantilismus bildete primär die Erkenntnis der Kameralisten, dass ein ursächlicher Zusammenhang zwischen dem Wohlstand des Staates und dem Gesundheitswohl

---

[16] Da der Gegenstand von Franks Untersuchung medizinisch war, die Ausführung gemeinnütziger Gesundheitsanstalten jedoch größten Teils der Polizei eines Landes überlassen werden musste, ergab sich für ihn zwangsläufig der Name der Medizinischen Polizei (vgl. Rühl, 1999, S.455).

sowie der Zahl seiner Untertanen besteht, eine wesentlichste Wurzel des Frankschen Systems. Insbesondere in einer Zeit, in der das öffentliche Wohl durch soziale und ökonomische Veränderungen zunehmend bedroht wurde, musste der Staat regulierend eingreifen. Demzufolge mussten die Bemühungen der Obrigkeit u.a. darauf abzielen, die hohe Sterblichkeitsrate und anfallende Gesundheitsausgaben durch eine verbesserte Gesundheitsfürsorge zu reduzieren (vgl. Pfister, 1996, S.209). Genau an diesem Punkt setzt Frank an, wenn er feststellt, dass nur eine gesunde Bevölkerung dem Staate dienlich sei. Eine zweite Wurzel seines Werkes ist die Kulturphilosophie und die Gesellschaftslehre Rousseaus. Auch Frank sieht in der Entfremdung vom Naturzustand das Hauptübel aller Missstände. Der Mensch muss daher vor der städtischen Vergesellschaftung geschützt werden. Gegen die Verweichlichung und gegen das ewige Sitzen hilft allein Abhärtung und Bewegung. Diesem eklatanten Bewegungsmangel will Frank mit Hilfe der Leibesübungen wirksam begegnen (vgl. Rühl, 1999, S. 456).

Als Arzt sieht Frank die Vernachlässigung der Leibesübungen mit deren Auswirkungen auf die Gesundheit als Hauptursache vieler Krankheiten. Vorbild ist ihm die harte Kindererziehung der Antike, wie sie z.B. in Sparta stattfand. Ständig ist er darum bemüht, die hohe Qualität der antiken Gymnastik hervorzuheben. Die medizinische Polizei muss daher Wege finden, um das Volk von der Wichtigkeit der Bewegung für seine Gesundheit zu sensibilisieren. Frank schlägt Spiele für jedes Geschlecht und für jedes Alter vor. Gleichzeitig verweist er jedoch auf das richtige Maß wenn er sagt, dass ohne entsprechende Vorbereitung keinesfalls mit zu intensiven Leibesübungen begonnen werden darf. Aufgrund der bestehenden Verletzungsgefahr sollten auch die kriegerischen Spiele der Antike nicht direkt nachgeahmt werden (vgl. Rühl, 1999, S.459)[17].

Neben diesen theoretischen Ausführungen gibt Frank zahlreiche Anweisungen und Empfehlungen für die Umsetzung der Leibesübungen in der Praxis. So legt er u.a. die Anstellung eines Übungsleiters nahe, welchem die gesamte Aufsicht über die Leibesübungen der *männlichen* Jugend obliegen soll. Unbedingt sollen die Jungen in militärischen Übungen Gehen, Wenden, Ziellaufen, Ziel- und Weitwerfen, Fechten etc. ausgebildet werden. Zusätzlich empfiehlt er auch das Kegelspiel, Schlittschuhlaufen, Ballonschlagen. Das Reiten hält er persönlich für die beste Bewegung. Aufgrund der hohen Kosten empfiehlt er indes, dass die medizinische Polizei Reitmaschinen einführen solle. Um dem Ertrinkungstod vorzubeugen, misst er auch dem Schwimmunterricht eine im weitesten Sinne prophylaktische

---

[17] Aus dem gleichen Grund spricht er sich auch gegen das speziell auf dem Lande verbreitete Purzelbaum- und Radschlagen aus (vgl. Rühl, 1999, S.459).

Aufgabe zu. Wichtig ist auch die Errichtung eines, in einer gewissen Entfernung zur Stadt befindlichen, Spielplatzes. Bei den verschiedenen Übungen muss der Übungsleiter jedoch darauf achten, nach Alter, Geschlecht und Umfang der Übungen zu differenzieren. Allzu gefährliche Übungen (z.B. heftige Tänze, Schlittenfahren) lehnt er aufgrund der Gefahren für die Gesundheit ab (vgl. Rühl, 1999, S. 459-461).

Das Postulat Frankes, Leibesübungen gegen die Verweichlichung der Gesellschaft und für die Gesunderhaltung des Volkes einzusetzen, beeinflusste auch verschiedene seiner Zeitgenossen. So folgte ihm z.b. GuthsMuths (1759-1839) über weite Strecken. Er übernahm die Idee, einen freien Platz in der Nähe der Schule für seine Gymnastik einzurichten. Jahn (1778-1852) lobte Frank als denjenigen, der Leibesübungen zum Gegenstand staatlicher Fürsorge gemacht hat. Auch er übernahm die Idee des „Tummelns" der Jugend auf freiem Felde oder die Einrichtung eines Übungsplatzes nahe der Stadt. Die Rolle des Übungsleiters verkörperte er höchstpersönlich. In diesem Sinne war Frank in gewisser Weise auch ein Wegbereiter des deutschen Turnens. Damit soll jedoch nicht ausgedrückt werden, dass das Gesundheitsmotiv bei Jahn in ähnlicher Weise thematisiert wurde. Im Gegensatz zu Frank, hatte Jahn bekanntermaßen zuvörderst politische Ziele – die Prävention von Krankheiten spielte bei kaum eine Rolle.

6. Leibesübungen und Gesunderhaltung im 19.Jahrhundert

6.1. Deutsches Turnen und Schwedische Gymnastik

Es wurde bereits festgestellt, dass das deutsche Turnen zu Beginn des 19.Jahrhunderts weder für die Prävention noch zur Therapie von Krankheiten verwendet wurde. Im Vordergrund standen hier eindeutig politische und militärische Zielsetzungen. Allerdings kam es bereits in den 30er Jahren des 19.Jahrhunderts erneut zu lebhaften Diskussionen über die körperliche Erziehung der Jugend. Neben politischen und militärischen Zielen, wurden jetzt auch wieder Stimmen laut, die in der körperlichen Erziehung einen positiven Einfluss auf die Gesundheit v.a. der Jugend sahen. Im Kontext dieser Erörterungen wurde auch der Frage nachgegangen, welche positiven bzw. negativen Folgen das deutsche Turnen auf die Gesundheit der Jugend ausüben könnte.

In der im Jahre 1830 veröffentlichten Schrift über die *Gymnastik aus dem Gesichtpunkt der Diätetik und Psychologie*, sprach der Magdeburger Wundarzt Karl Friedrich Koch der

Gymnastik reichlich positive Auswirkungen auf die Gesundheit zu (u.a. auf die Muskelkraft, die Ausdauer, die Lungenfunktion). Große Effekte hatte auch der Aufsatz des Medizinalrates Karl Lorinser *Zum Schutz der Gesundheit in den Schulen* aus dem Jahre 1836. Der Verfasser zeichnete darin ein finsteres Bild vom Lebensstil seiner Zeit. Insbesondere der allmählich fortschreitenden Industrialisierung – welche in Deutschland zu diesem Zeitpunkt noch in den Kinderschuhen steckte – warf er vor, dass sie zum Verlust der Lebensenergie und zur Entwicklung früher unbekannter Krankheiten beitrage. Speziell die eklatante Bewegungsarmut in den höheren Schulen prangerte er an und forderte diesbezüglich staatliche Gegenmaßnahmen ein. Lorinsers Appelle mündeten schließlich in der Einführung der körperlichen Erziehung an den höheren Knabenschulen. Natürlich muss in diesem Zusammenhang darauf verwiesen werden, dass es neben der Angst um die Gesundheit der Schüler gewiss noch weitere Ursachen dafür gab, dass die Leibesübungen an den Gymnasien eingeführt wurden. Auch der Gedanke an die Erhaltung der Wehrkraft des deutschen Volkes spielte hier eine gewisse Rolle. Tatsächlich waren von dieser Maßnahme aber nur so wenige Schüler betroffen (nicht einmal 10% der männlichen Jugend besuchte ein Gymnasium), dass dieses Argument von nicht allzu großer Gewichtung war. Dies wiederum beweist, dass der Gesundheit bereits in der Mitte des 19.Jahrhunderts beachtliche Bedeutung im Schulsport zukam (vgl. Pfister, 1996, S.215).

Wurde in der damaligen Zeit der Zusammenhang zwischen Bewegung und Gesundheit im Allgemeinen anerkannt, so stellte sich nun in wachsendem Maße die Frage nach den richtigen, nach den gesunden Bewegungen. Genau um diese Frage entzündete sich Mitte des 19.Jahrhunderts ein Streit zwischen den Anhängern der schwedischen Gymnastik und den Verfechtern des deutschen Turnens. Für die u.a. als Bildungsmittel für Gesunde und Heilmittel für Kranke entwickelte schwedische Gymnastik bestand das Ziel darin, den menschlichen Körper und alle seine Teile auszubilden, um infolgedessen Harmonie und Körperbeherrschung zu erreichen. Als der Leiter der Königlichen Zentral-Turnanstalt Hugo Rothstein (1810-1865) in den 50er Jahren nun versuchte, das deutsche Turnen in der Turnlehrerausbildung durch die schwedische Gymnastik zu ersetzen, kam es hier zu heftigen Auseinandersetzungen über die rechtmäßige Form der Bewegungskultur. Die Gesundheit wurde dabei von beiden Seiten als ein zentrales Argument mit in die Debatte einbezogen. Die Verfechter der schwedischen Gymnastik sahen v.a. im Barrenturnen ernste gesundheitliche Gefährdungen gegeben, woraufhin Rothstein das Gerät aus der Turnanstalt entfernte. Erst nachdem es medizinischen Autoritäten wie Rudolf Virchow (1821-1902) gelang, dem Turnen und somit auch dem Barren gesundheitsfördeliche Wirkungen nachzuweisen, wurde diese

Anordnung wieder rückgängig gemacht. Durch diese Auseinandersetzungen im sogenannten *Barrenstreit* wurden erstmals die physiologischen Wirkungen des Turnens besprochen. Diese sollten in der Folgezeit noch des öfteren zu dessen Rechtfertigung herangezogen werden (vgl. Pfister, 1996, S.215-216)[18].

6.2. Gesundheit im Kontext des Mädchen- und Frauenturnens

Ähnlich wie das Knaben- und Männerturnen, wurde auch das Mädchen- und Frauenturnen[19] aus pädagogischer, anthropologischer und eben medizinischer Sicht diskutiert. Eine zentrale Rolle spielte dabei die Herausbildung und Popularisierung einer weiblichen Sonderanthropologie. Ausgehend von der Annahme eine dem Mädchen bzw. der Frau inhärenten Schwäche, wurde in einer Art Zirkelschluss immer wieder versucht, diese auch zu belegen.

Zu den Verfechtern des Frauenturnens gehörte z.b. die Berliner Medizinische Gesellschaft, welche sich in einem Gutachten aus dem Jahre 1863 folgendermaßen zur Thematik äußerte:

> „Allgemeine Muskel- und Nervenschwäche, nervöse Leiden aller Art, Bleichsucht, mangelhaftes Wachstum, Schmal- und Engbrüstigkeit und Rückgratverkrümmungen sind notorisch sehr häufige Krankheiten der Mädchen... Wir erkennen neben anderen körperlichen Übungen ... in dem methodischen Mädchenturnen das wesentliche Mittel zur Abhilfe." (Deutsche Turnzeitung 9, 1864, S.341, zit. nach Pfister, 1996, S. 217)

Die Kritiker des Frauenturnens[20] rechtfertigten ihren Standpunkt sowohl mit moralischen, ästhetischen als auch medizinischen Begründungen. Im Übrigen wurden diese Argumente mehrheitlich auch von den Befürwortern des Mädchenturnens anerkannt, nur lehnten sie das Turnen für das weibliche Geschlecht nicht grundsätzlich ab, sondern schränkten lediglich die Übungsauswahl ein. Dies bedeute für die Praxis, dass Übungen, die Kraft oder Ausdauer, ein Spreizen bzw. ein Heben der Beine über den Körperschwerpunkt sowie Erschütterungen und Spannungen mit sich brachten, nicht ausgeführt wurden[21]. Die mit Hilfe andere Übungen anvisierte Gesundheit der Mädchen und Frauen war indes primär Mittel zum Zweck. Ausdrückliches Ziel war es die Gebärfähigkeit und -freudigkeit zu erhöhen, um dadurch gesunde Töchter und Söhne in die Welt zu setzten (vgl. Pfister, 1996. S.217-218). Mit

---

[18] So verfasste u.a. der Turnlehrer und Arzt E. Angerstein 1888 eine Schrift über den medizinischen Nutzen des Turnens. Regelmäßigen und allseitigen Übungen bescheinigte er Muskelzuwachs und eine Verbesserung der Organsleistungsfähigkeit (vgl. Pfister, 1996, S.227).

[19] Der besseren Lesbarkeit wegen wird im Folgenden der Terminus Frauenturnen verwendet.

[20] Hierzu zählten staatliche Behörden, die katholische Kirche, Ärzte und Pädagogen (vgl. Pfister, 1996, S.217). .

[21] Darunter fielen neben Übungen am Pferd oder am Barren auch der Hochsprung oder der Sprint ... (vgl. Pfister, 1996, S.217-218).

Prävention und Therapie hatte zumindest das Turnen der Mädchen und Frauen zur damaligen folglich nur bedingt etwas zu tun.

Schlussbemerkungen

Ausgehend von der dieser Arbeit zu Grunde liegenden Problemstellung sollen folgende resümierende und zugleich zusammenfassende Äußerungen gemacht werden.

In der Form eines historischen Längsschnitts konnte bis hierher gezeigt werden, dass es zwischen den Begriffen Sport und Gesundheit schon seit geraumer Zeit einen engen und nicht zu verleugnenden Zusammenhang gibt. Schon im antiken Griechenland gab es eine mitunter innige Beziehung zwischen Sport und Gesundheit. Natürlich – auch dies wurde im Zuge der Arbeit erkennbar – gab es hinsichtlich der Rolle und der Bedeutung von Leibesübungen für Prävention und Therapie mitunter eklatante Unterschiede zwischen den einzelnen Epochen. Zudem war es auch keineswegs so, dass Sport *ausschließlich* zum Zwecke der Gesundheit betrieben wurde. Schließlich gilt es auch die bereits einleitend getätigte Äußerung zu berücksichtigen, dass „Gesundheitssport" in der Geschichte zumeist eine Angelegenheit der oberen gesellschaftlichen Schichten war und den kleinen Mann zumeist nicht erreichte bzw. erreichen konnte.

In Anlehnung an die oben genannte Definition von Gesundheitssport kann dennoch das folgende (in gewisser Hinsicht provokative) Fazit gezogen werden: Die Inhalte und die Zielsetzungen des derzeitigen Gesundheitssports sind keineswegs ein Novum oder alleinige Errungenschaft des 20.Jahrhunderts. Vielmehr ist es so, dass sich Prävention, Therapie und in gewisser Weise auch die Rehabilitation wie ein roter Faden durch die Geschichte der Leibesübungen ziehen. Sport und Gesundheit standen (fast) immer in einem engen, sich gegenseitig bedingenden Zusammenhang. Gemäß der herrschenden Gesundheitsvorstellungen wurde der Sport mal mehr unter präventivem, mal mehr aus therapeutischen Aspekt thematisiert und betrieben. Eine unerlässliche Voraussetzung dafür, dass Sport tatsächlich seine gesundheitsfördernden und therapeutischen Wirkungen entfalten konnte, war das richtige Maß der körperlichen Betätigung. Ein Unterschied von der Vergangenheit zur Gegenwart besteht jedoch zweifelsohne darin, dass der Gesundheitssport in der Gesellschaft wohl nie so allgegenwärtig war wie heute. Die Hauptgründe hierfür wurden bereits des öfteren angesprochen: Zum Einen war Gesundheit und Krankheit lange Zeit eine individuelle und keine öffentliche Angelegenheit. Zum Anderen – und dies hängt zweifelsohne eng mit dem ersten Grund zusammen – war die Verbindung von Sport und Gesundheit jahrhundertlang allein ein Thema für oberen Schichten der Gesellschaft.

LITERATURVERZEICHNIS

1. Ader, A. (2003). *Kirche und Sport in Altertum und Mittelalter* (=Schriften zur Sportwissenschaft, Bd.42). Hamburg: Kovac.

2. Beckers, E. & Brux, A. (1993). Zur Definition „Gesundheitssport". *Sportwissenschaft*, 23, 312-314.

3. Bergdolt, K. (1999). *Leib und Seele: Eine Kulturgeschichte des gesunden Lebens.* München: Beck.

4. Deutscher Sportbund (1993). Diskussion: Ein Vorschlag zur Definition des Begriffs Gesundheitssport. *Sportwissenschaft*, 23, 197-199.

5. Dieckhöfer, K. (1990). Grundzüge der Geschichte der Naturheilkunde und Naturheilverfahren. In K.-C. Schimmel (Hrsg.), *Lehrbuch der Naturheilverfahren*, Bd.1 (2.Aufl., S.46-94). Stuttgart: Hippokrates.

6. Kiechle, F. (2001). Artikel: >Methodiker<. In *LAW*, Bd. 2 (Sp. 1949-1950). Düsseldorf: Albatros.

7. Kiechle, F. (2001). Artikel: >Pneumatiker<. In *LAW*, Bd.2 (Sp. 2384). Düsseldorf: Albatros.

8. Körbs, W. (1938). *Vom Sinn der Leibesübungen zur Zeit der italienischen Renaissance.* Gräfenhainichen: o.V..

9. Labisch, A. (1992). *Homo hygienicus. Gesundheit und Medizin in der Neuzeit.* Frankfurt a.M., New York: Campus.

10. Pfister, G. (1996). Sport war nicht immer gesund – Zum Wandel von Gesundheitskonzepten und Bewegungskulturen. In J. Bachmann (Hrsg.), *Gesundheit und Bewegung im Dialog. Perspektiven für Hochschule, Verein und Kommune, Teil 1* (S.201-227). Hamburg: Czwalina.

11. Ridder, P. (1996). *Schön und gesund: Das Bild des Körpers in der Geschichte.* Kassel: Gesamthochschul-Bibliothek.

12. Rühl, J.K. (1999). Die Bedeutung der Leibesübungen in Johann Peter Franks „System einer vollständigen medicinischen Polizey" (1779-1817). In T. Terret (Hrsg.), *Sport et santé das l'histoire – Sport and Health in History – Sport und Gesundheit im historischen Wandel : Proceedings oft the 4th ISHPES Congress* (S.453-464). Lyon, St. Augustin: Academia.

13. Schmitt, W. (2000). Artikel: >Regimina<. In *LMA*, Bd.7 (CD-ROM Ausgabe, Sp. 575-577). Stuttgart: Metzler.

14. Schöner, E. (1964). *Das Viererschema in der antiken Humoralpathologie.* Wiesbaden: Steiner.

15. Schulz, N. (1991). Das Gesundheitsmotiv im sportpädagogischen Denken. Historische Studien eines wechselhaften Verhältnisses. In D. Küpper & L. Kottman (Hrsg.), *Sport und Gesundheit* (S.9-33). Schorndorf: Hofmann.

16. Westendorf, W. (1992). *Erwachen der Heilkunst. Die Medizin im Alten Ägypten.* Zürich: Artemis & Winkler.

Lightning Source UK Ltd.
Milton Keynes UK
UKHW010838030619

343780UK00002B/713/P